BEI GRIN MACHT SICH IHR WISSEN BEZAHLT

- Wir veröffentlichen Ihre Hausarbeit, Bachelor- und Masterarbeit

- Ihr eigenes eBook und Buch - weltweit in allen wichtigen Shops

- Verdienen Sie an jedem Verkauf

Jetzt bei www.GRIN.com hochladen und kostenlos publizieren

Bibliografische Information der Deutschen Nationalbibliothek:

Die Deutsche Bibliothek verzeichnet diese Publikation in der Deutschen Nationalbibliografie; detaillierte bibliografische Daten sind im Internet über http://dnb.d-nb.de/ abrufbar.

Dieses Werk sowie alle darin enthaltenen einzelnen Beiträge und Abbildungen sind urheberrechtlich geschützt. Jede Verwertung, die nicht ausdrücklich vom Urheberrechtsschutz zugelassen ist, bedarf der vorherigen Zustimmung des Verlages. Das gilt insbesondere für Vervielfältigungen, Bearbeitungen, Übersetzungen, Mikroverfilmungen, Auswertungen durch Datenbanken und für die Einspeicherung und Verarbeitung in elektronische Systeme. Alle Rechte, auch die des auszugsweisen Nachdrucks, der fotomechanischen Wiedergabe (einschließlich Mikrokopie) sowie der Auswertung durch Datenbanken oder ähnliche Einrichtungen, vorbehalten.

Impressum:

Copyright © 2017 GRIN Verlag
Druck und Bindung: Books on Demand GmbH, Norderstedt Germany
ISBN: 9783668639256

Dieses Buch bei GRIN:

https://www.grin.com/document/412866

Tobias Henze

Wie gehen Polizisten mit Gefühlen um?

GRIN Verlag

GRIN - Your knowledge has value

Der GRIN Verlag publiziert seit 1998 wissenschaftliche Arbeiten von Studenten, Hochschullehrern und anderen Akademikern als eBook und gedrucktes Buch. Die Verlagswebsite www.grin.com ist die ideale Plattform zur Veröffentlichung von Hausarbeiten, Abschlussarbeiten, wissenschaftlichen Aufsätzen, Dissertationen und Fachbüchern.

Besuchen Sie uns im Internet:

http://www.grin.com/

http://www.facebook.com/grincom

http://www.twitter.com/grin_com

Inhalt

1. **Einleitung** 1
2. **Gefühle** 2
   2.1. Basisgefühle 2
3. **Anforderungen an Polizistinnen und Polizisten** 2
   3.1. Emotionale Belastungen im Polizeidienst 3
4. **Gefühlsarbeit** 3
   4.1. Polizeiliche Gefühlsarbeit und damit verbundene Probleme ... 3
5. **Typen des Umgangs mit situativen Gefühlsanforderungen und genutzte Gefühlsarbeitspraktiken** 4
   5.1. Verlagerer 4
   5.2. Abwehrer 4
   5.3. Oszillierer 5
   5.4. Stoiker 5
   5.5. Diffus Reagierende 6
6. **Schlussfolgerung** 6

Literaturverzeichnis

Hochschild, Arlie Russel. 1990. Das gekaufte Herz. Zur Kommerzialisierung der Gefühle. Frankfurt a.m./New York: Campus.

LeDoux, Joseph. 1998. The emotional brain: The mysterious underpinnings of emotional life. New York: Simon and Schuster.

Polizeiliche Kriminalstatistik Bundesrepublik Deutschland. 2016, 64. Ausgabe, Version 1.0. Wiesbaden: Bundeskriminalamt

Stadtmüller, Godehard, & Gordon, Jeffrey A. 2006. Biologische Korrelate von Emotionen. Psychoanalyse und Körper, 9(5), 39-65.

Szymenderski, Peggy. 2012. Gefühlsarbeit im Polizeidienst. Wie Polizeibedienstete die emotionalen Anforderungen ihres Berufs bewältigen. Bielefeld: Transcript.

1. Einleitung

Im Jahr 2016 betrug die Anzahl der Polizistinnen und Polizisten in Deutschland 220.813.[1] Die Polizeiliche Kriminalstatistik[2] erfasste im gleichen Jahr 71.795 Straftaten zum Nachteil von Polizeivollzugsbeamten und Polizeivollzugsbeamtinnen, davon 45.075 Widerstandshandlungen, 16.705 vorsätzliche Körperverletzungen, 4.431 gefährliche und schwere Körperverletzungen, 3.977 Bedrohungen sowie 98 versuchte Tötungsdelikte. Statistisch betrachtet ist jeder Polizist und jede Polizistin alle 3 Jahre Opfer einer Straftat.[3] Gewalttaten gegen Polizisten sind in den letzten 6 Jahren signifikant angestiegen.[4]

2007 betrug die Anzahl der Polizistinnen und Polizisten in Deutschland noch 250.353.[5] Vor dem Hintergrund des nicht unerheblichen Stellenabbaus, der angehäuften Überstunden, wegfallenden Fort- und Weiterbildungen und neuen Herausforderungen in der polizeilichen Aufgabenbewältigung im Zusammenhang mit der Terrorabwehr, der Grenzkriminalität, den Großeinsätzen wie dem G20-Gipfel, aber auch hinblickend auf die Thematik Cybercrime, in die Jahre gekommene Bürotechnik ist bei nicht wenigen Polizistinnen und Polizisten die Belastungsgrenze erreicht.

---

[1] rp-online.de/politik/landkarte-der-sicherheit-1.5695921 zuletzt aufgerufen am 16.01.2018 Allerdings rechnen Bayern, Brandenburg und NRW auch Verwaltungsmitarbeiter ein, die nicht im Vollzug arbeiten.

[2] Polizeiliche Kriminalstatistik, 2016, Version 1.0
bka.de/DE/AktuelleInformationen/StatistikenLagebilder/PolizeilicheKriminalstatistik/PKS2016/pks2016_node.html zuletzt aufgerufen am 16.01.2018
bka.de/SharedDocs/Downloads/DE/Publikationen/PolizeilicheKriminalstatistik/2016/pks2016Jahrbuch2Opfer.pdf zuletzt aufgerufen am 16.01.2018

[3] Gemäß PKS-Richtlinien erfolgt die Erfassung der Merkmale der „Geschädigtenspezifik" unter der Bedingung, dass die Tatmotivation in den personen-, berufs- bzw. verhaltensbezogenen Merkmalen begründet ist oder in Beziehung dazu steht (sachlicher Zusammenhang). Das Ergebnis der polizeilichen Ermittlungen muss erkennen lassen, dass die Tathandlung u.a. oder allein durch das im Einzelfall vorliegende Merkmal veranlasst war.

[4] Vgl. Polizeiliche Kriminalstatistik 2011-2016; auchmensch.de/#facts zuletzt aufgerufen am 16.01.2018

[5] appsso.eurostat.ec.europa.eu/nui/show.do?dataset=crim_plce&lang=de zuletzt aufgerufen am 16.01.2018

2. Gefühle

„Die Definition von ‚Gefühl' als Oberbegriff ist schwierig. Es gilt zu bedenken, ob ‚Emotion' oder ‚Gefühl' ein genereller Begriff für bestimmte Empfindungen ist, die wir eben als ‚Emotionen' oder ‚Gefühle' zu bezeichnen gelernt haben, die aber nicht notwendiger Weise eine gemeinsame Realität haben."[6]

2.1.1. Basisgefühle

Es gibt derzeit keinen vollen Konsens über Anzahl und Art von Basisgefühlen. In der Literatur finden sich Arbeiten, in denen nicht weniger als 3 (Furcht, Freude, Ärger) und nicht mehr als 11 (Furcht, Liebe, Ärger, Traurigkeit, Hass, Hoffnung, Begehren, Mut, Niedergeschlagenheit, Verzweiflung, Widerwille) Basisgefühle formuliert werden.[7]

3. Anforderungen an Polizistinnen und Polizisten

Der Polizeiberuf umfasst ein breit gefächertes Aufgabengebiet, das sich in den verschiedenen Dienstzweigen und Fachbereichen widerspiegelt.[8] Die Einsatzmöglichkeiten sind vielfältig getreu dem Motto der Nachwuchs-Kampagne „1 Beruf – 1000 Möglichkeiten" der Sächsischen Polizei. Die Beschreibung des Polizeiberufes liest sich auf polizei.sachsen.de wie folgt: „Der Polizeiberuf bietet alles – nur keinen Alltag. Mit diesem Beruf sind Sie nicht nur dabei, sondern mittendrin im Leben. Hier erwarten Sie Einsätze mit wechselnden Situationen und Anforderungen. Teamarbeit wird großgeschrieben. Sie müssen sich auf Ihren Partner und er sich auf Sie verlassen können – und das nicht nur in gefährlichen Situationen. Ihr Handeln verlangt Flexibilität. Neben Ihrem Fachwissen ist professionelle Kommunikation ebenso Handwerkszeug

---

[6] Stadtmüller, Godehard, & Gordon, Jeffrey A. 2006. Biologische Korrelate von Emotionen. Psychoanalyse und Körper, 9(5), 39-65.
[7] https://tu-dresden.de/mn/psychologie/allgpsy/ressourcen/dateien/lehre/lehreveranstaltungen/goschke_lehre/ws_2013/vl_motivation/VL-Emotion-1.pdf?lang=de
S. 39 zuletzt abgerufen 18.01.2018
[8] Vgl. https://verdaechtig-gute-jobs.de/startseite/kampagne 16.01.2018

für Ihren Dienst wie Einfühlungsvermögen, Konsequenz und Neutralität. Der Polizeiberuf braucht starke Persönlichkeiten. Sie werden in manchen Situationen an die Grenze Ihrer physischen und psychischen Belastbarkeit kommen. Stress- und Konfliktmanagement sind dann gefragt. Um den Anforderungen gerecht zu werden, sind geistige und körperliche Fitness wichtige Säulen Ihrer Persönlichkeit."[9]

3.1. Emotionale Belastungen im Polizeidienst

In allen Studien beeinflussen insbesondere Eigengefährdungen, das Überbringen von Todesnachrichten und Einsatzsituationen mit schwer verletzten oder sogar getöteten Menschen, insbesondere mit Kindern, das subjektive Belastungserleben der Polizeibediensteten. Neben Untersuchungen, die auch auf administrative Belastungsfaktoren verweisen, gehören insbesondere extreme und potenziell traumatisierende Einsatzsituationen zu den zentralen Belastungen polizeilicher Arbeit.[10]

4. Gefühlsarbeit

In der empirischen Emotionspsychologie wurden Emotionen oftmals primär als Störungen oder Verzerrungen rationaler Denk-, Urteils- und Entscheidungsprozesse betrachtet.[11] „Die Vorstellung einer Arbeit an und mit den eigenen Gefühlen geht davon aus, dass wir in der Lage sind, Gefühle zu gestalten, zu unterdrücken oder hervorzurufen."[12]

4.1. Polizeiliche Gefühlsarbeit und damit verbundene Probleme

Gefühlsarbeit ist ein wesentlicher Bestandteil der Arbeitsleistung von Polizeibediensteten. Sie ist erforderlich, um den komplexen Belastungen dieses spezifischen Berufs langfristig standzuhalten. „Die Anforderung an die Polizeibediensteten, in ihrem Handeln die Überlegenheit

---

[9] http://www.polizei.sachsen.de/de/polizeiberuf.htm 16.01.2018
[10] Szymenderski, Peggy. 2012. Gefühlsarbeit im Polizeidienst. S. 99
[11] Vgl. LeDoux, Joseph. 1998. The emotional brain.
[12] Rastetter, Daniela, Emotionsarbeit - Stand der Forschung und offene Fragen, erschienen in Arbeit, Band 8, Heft 4, Seiten 374–388 (1999)

des staatlichen Gewaltmonopols zu inszenieren und damit die dominante Stellung der Polizei zu bewahren, bedingt, dass die Polizistinnen und Polizisten Gefühle, wie bspw. Unsicherheit und Angst, und erlebte Belastungen nicht ausdrücken können. Zudem [trägt] die männlich geprägte polizeiinterne Kultur [...] dazu bei, dass das Zeigen von Gefühlen als Schwäche ausgelegt wird. Auch das führt zu einem Rückzug der Polizistinnen und Polizisten und zu einem privatisierten Umgang mit den situativen Gefühlsanforderungen. Sie sind bei der Bewältigung der emotionalen Arbeitsanforderungen auf sich allein gestellt.[13]

5. Typen des Umgangs mit situativen Gefühlsanforderungen und genutzte Gefühlsarbeitspraktiken

„Die Ergebnisse der empirischen Untersuchung belegen die Bedeutung von Gefühlsarbeit für die polizeiliche Arbeit. Es zeigen sich unterschiedliche Variationen des emotionsbasierten Umgangs von Polizistinnen und Polizisten mit situativen Gefühlsanforderungen [...]."

5.1. Verlagerer

„Ein Verlagern der Auseinandersetzung mit den eigenen Emotionen und dem eigenen Erleben aus der konkreten Situation heraus kennzeichnet den Typus des Verlagerers."[14] Die Verlagerer erleben Emotionen als Störfaktoren und Bedrohung für Ihre Arbeit. Es kommt zu einer vorübergehenden Distanzierung von den dienstlichen Erlebnissen. Diese werden jedoch später im Privatbereich wiederaufgenommen. Es erfolgt eine Privatisierung der Belastungsbewältigung.[15]

5.2. Abwehrer

„Ähnlich wie die Verlagerer erleben die Abwehrer Emotionen als Bedrohung, weshalb sie versuchen, diese in Einsatzsituationen auszublenden. Da Abwehrer in Bereichen tätig sind, in denen sie – aus objektiver

---

[13] Szymenderski, Peggy. 2012. Gefühlsarbeit im Polizeidienst. S. 54 f.
[14] Szymenderski, Peggy. 2012. Gefühlsarbeit im Polizeidienst. S. 185
[15] Szymenderski, Peggy. 2012. Gefühlsarbeit im Polizeidienst. S. 209

wie aus subjektiver Sicht – beständig mit hohen emotionalen Belastungen konfrontiert sind, bspw. Bei der Mordkommission, bei der Unfallbereitschaft oder im Streifendienst, etablieren sie sich eine Praktik, durch die sie nicht immer wieder neu mit dem Erfordernis konfrontiert sind, einen Umgang mit den beruflichen Anforderungen zu finden." [16]

5.3. Oszillierer

„Zusammenfassend zeigt sich, dass primär das bürokratische Trilemma[17], allerdings im Zusammenwirken mit den interaktiven und potenziell traumatisierenden Bestandteilen polizeilicher Arbeit, das zentrale Handlungsproblem für die Oszillierer darstellt. [...] Im Gegensatz zu allen anderen Umgangstypen bewerten Oszillierer Gefühle und Gefühlsarbeit als Herausforderung und sehen Möglichkeiten der positiven Bewältigung dieser emotionalen Arbeitsanforderungen im Dienst. [...] Daher reagieren Oszillierer bei der Bearbeitung ihrer Fälle nicht mit distanzierter Ablehnung; sie identifizieren sich jedoch gleichzeitig nicht zu stark mit dem Leiden der Opfer. Sie *tarieren* beständig zwischen eigenem Wohlbefinden beruflichen Anforderungen *aus*."[18]

5.4. Stoiker

„Stoiker beschreiben ähnlich wie die anderen befragten Polizeibediensteten situative Gefühlsanforderungen, allerdings werden keine bzw. kaum Gefühlsprobleme sichtbar. Das verweist darauf, dass die Umgangspraktik der Stoiker auf einer anderen Ebene als die der anderen Typen liegt. Während sich Verlagerer, Abwehrer und Oszillierer ihre Praktiken in Auseinandersetzung mit der konkreten Belastungssituation erarbeiten, findet das Bewältigungshandeln der Stoiker vorher statt. Stoiker setzen sich bereits mit der Entscheidung für ihren Beruf mit den emotionalen Arbeitsanforderungen auseinander. [...]Sie bezeichnen das

---

[16] Szymenderski, Peggy. 2012. Gefühlsarbeit im Polizeidienst. S. 250
[17] „Polizistinnen und Polizisten müssen zwischen den widersprüchlichen und konkurrierenden Interessen und Verhaltenserwartungen der Polizeibehörde, der Bürgerinnen und Bürger sowie den eigenen Ansprüchen und Bedürfnissen vermitteln." Szymenderski, Peggy. 2012. Gefühlsarbeit im Polizeidienst. S. 40
[18] Szymenderski, Peggy. 2012. Gefühlsarbeit im Polizeidienst. S. 283 f.

mögliche Erleben belastender Ereignisse als Berufsrisiko. Das befähigt sie, belastende Emotionen einfach *wegzustecken*. Das Bewältigungshandeln findet demnach vor dem Arbeitshandeln statt und bewahrt die Stoiker davor, situative Gefühlsanforderungen als Überforderung zu erleben. [19]

5.5. Diffus Reagierende

Die diffus Reagierenden zeichnen sich durch den Gebrauch vieler verschiedener, aber eher diffus erscheinender Umgangspraktiken aus. Letztlich finden sie keine geeignete Bewältigungsform. Durch fehlende Ressourcen gelingt ihnen der Umgang mit den emotionalen Arbeitsanforderungen nicht. Vielmehr verfestigen sich die dabei erlebten negativen Emotionen und die emotionalen Problemlagen brechen immer wieder auf.

6. Schlussfolgerung

Es gibt verschiedene Formen des Gefühlsmanagements. Polizistinnen und Polizisten sind zur Erhaltung ihrer seelischen Gesundheit in nicht geringem Maße selbst verantwortlich. Die Familie bildet oft eine wertvolle Stütze, insbesondere nach extremen Belastungen wie Eigengefährdungen, welche nicht selten mit verbundenen strafrechtlichen Anzeigen wegen (angeblicher) unrechtmäßiger Handlungen im Amt einhergehen. Es besteht die Gefahr, dass man selbst eine Belastung für die Familie wird. Die Fürsorgepflicht der Führungskräfte ist nach belastenden Ereignissen besonders gefragt, vor allem um negative Schlüsselerlebnisse zu vermeiden, die womöglich zu dauerhaften mentalen Schädigungen bei den Polizeibediensteten führen können. Ein zu begrüßender Schritt der Polizeidirektion Dresden ist die Zusammenarbeit mit dem Verein „Krisenintervention & Notfallseelsorge Dresden e.V."[20], der die Polizeibediensteten während und nach Extremlagen unterstützt.

---

[19] Szymenderski, Peggy. 2012. Gefühlsarbeit im Polizeidienst. S. 318
[20] https://kit-dresden.de/einsatzindikationen/ zuletzt abgerufen 18.01.2018

BEI GRIN MACHT SICH IHR WISSEN BEZAHLT

- Wir veröffentlichen Ihre Hausarbeit, Bachelor- und Masterarbeit

- Ihr eigenes eBook und Buch - weltweit in allen wichtigen Shops

- Verdienen Sie an jedem Verkauf

Jetzt bei www.GRIN.com hochladen und kostenlos publizieren